后浪

相手もよろこぶ 私もうれしい オトナ女子の気くばり帳

気くばり調査委員会

得体

一看就会，一做就对的社交魔法图鉴

日本无微不至
调查委员会
编

kaka 译

北京联合出版公司
Beijing United Publishing Co.,Ltd.

前言

收到了别致的礼物。
在文件上附带了可爱的手写留言。
收到贴着珍贵纪念邮票的信件。
收到惦念健康状况的邮件。
对方记得自己不爱喝咖啡，特意准备了红茶。

我们一定都遇到过这种让人“变得开心的小事”。

上面每件事都不是非做不可，就算不做也并不失礼，不过要是做到了，就会令人感到高兴。这些让人在不经意间绽放笑容、感到心动的小心思，就是本书所要介绍的“无微不至”。

遵照礼仪和规则行动固然重要，但若是过度拘泥于形式，便无法缩短与对方的距离，反而会给人留下冷淡的印象。因此，过分小心谨慎刻意而为，反而会让人扫兴。

重要的是，不谄媚，不勉强，不纠结，只要付出一点点努力，大家都可以做到。

这就是让对方和自己都开心的无微不至的关照。

目录

第 3 章 寄送和赠送时的无微不至

第 4 章 约定时的无微不至

第 5 章 拜托对方时的无微不至

第 6 章 拒绝和被拒绝时的无微不至

第 7 章 道歉和引起麻烦时的无微不至

第 8 章 表达谦虚时的无微不至

第 9 章 积极乐观的无微不至

第 10 章 招待客人时的无微不至

第 11 章 着装的无微不至

第 12 章　和金钱有关的无微不至

第 13 章　打电话和发邮件时的无微不至

送给成熟的你

无微不至的推荐

本书适合以下人群

- 上班族
- 公司的经营者
- 家庭主妇
- 有家室的人
- 接待业和服务业从业人员
- 从事业务和销售的人
- 打工者
- 自由职业者
- 工匠、商人
- 上司和部下
- 对程式化的礼仪感到有所欠缺的人
- 珍视自我个性的人

…………

适用于工作、家庭、朋友聚会等多种场合。

你是否很羡慕那些能做到体贴他人的人？他们无论是在职场还是亲友聚会中，都能轻松地调节气氛，关照他人，让人觉得好厉害。

说起“会照顾人的人”，你或许会想起空乘人员、秘书或酒店礼宾员，不过这些专业的照顾和日常的体贴关怀是不同的。

为了寻找**“谁都可以做到的实实在在的无微不至的行为”，我们面向1000人进行了问卷调查，并且从其中非常善于体贴、照顾他人的人中进行了取材。**

这本书就是从成熟女子所推荐的技巧中严选汇总而成的。请在不同的场合中灵活运用吧。

从1000个人那里得到的

无微不至心得

其一

花心思做些传统的事

比如说附上手写的留言之类的，正因为眼下是电子时代，这种传统的做法反而能打动对方的心。

其二

要以对方是否开心为标准

遵照规则行事虽然重要，但是如果对方不开心，也就失去了意义。

其三

始终保持自然的状态

根据对方的性别和年龄调整态度，不要谄媚，用自然的状态对待。

这种时候，想要无微不至的关心

本书介绍了在13个不同情境下无微不至地关照他人的方法和技巧。

打破隔阂的时候

与初次见面的对象缩短距离，缓解紧张的气氛。

约定的时候

首先自己要遵守约定，这更是为了让对方也遵守约定。

表达感谢的时候

要把"感谢"的心情明确地传达给对方。

拜托对方的时候

使用让彼此都开心的委托方式。聪明地开启话题。

送礼的时候

使用能将"心意"准确传达的送礼方法。选择对方喜爱的礼物。

拒绝和被拒绝的时候

缓解对方的不安，不破坏彼此的印象，避免引发不愉快情绪的拒绝方式。

谦虚的时候

用中立的态度行事，成为好感度高的成熟人士。

道歉和引起麻烦的时候

尽可能减轻失误造成的伤害，尽快恢复对方的信赖。

决定怎样打扮的时候

选择让自己和对方都感觉舒畅、适合成熟女子的装扮。

招待客人的时候

营造出让客人还想再次光顾的环境。

支付和接受金钱的时候

算账、借钱、别人请客时的注意事项。

想让气氛变得积极的时候

肯定对方，往前看，把情绪导向积极的方面。

打电话和写邮件的时候

摆脱拘泥于形式的电话和邮件往来。

开始学习如何做到无微不至吧！

第1章

消除隔阂的无微不至

消除隔阂

自己说出“有点紧张呢”，能化解紧张的气氛

➡ 坦率地表达能让在场的气氛轻松起来。

缓和当时的气氛

令自己紧张的场合，一般也会令对方紧张。
坦白地将“有点紧张呢”说出口，和对方分享自己的心情，
就能缓和紧张的气氛，让彼此变得融洽起来。

感受到对方的魅力时 请直接称赞吧

→只是将对方的魅力说出来，
就能“嗖”地一下缩短距离。

不要错过别人的魅力点

夸奖对方的时候，是在释放“我在关注着你”以及“我对你抱有好感”的信息。
可以将对方当天引人注目的着装、首饰和发型等作为聊天的话题。

拜访别人的家或办公室时，除了室内装饰和布置，还可以赞美所看到的窗外风景。

消除隔阂

就着对方的名字说两句

➡ 名字是对方重要的个性之一。

接名片的时候也要注意哦。

比如可以这样说

● 遇到普通的名字时

⬇ 给人一种古典的感觉可真棒！

● 遇到富有个性的名字时

⬇ 您的双亲真有品位！

● 遇到少见的汉字时

⬇ 我还是第一次看到用这个字来取名呢！

名字是人的门面，将其变为话题也会令人愉快。少见的名字、美妙的汉字……注意到的话就说出来吧。

❤ 用“您的名字有什么来由吗？”来丰富对话。

在对话中提到
对方的名字

➡ 表达出认可的态度，对方也会感到安心。

被叫到名字的时候心里一紧。

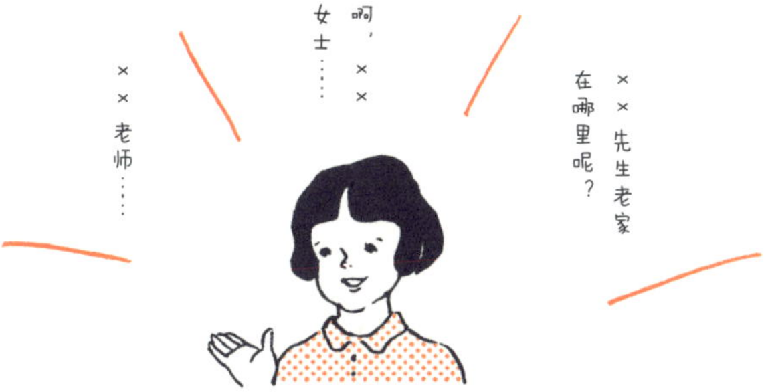
××老师……
啊，××女士……
××先生老家在哪里呢？

在对话的时候不时招呼一下对方的名字，会令彼此很容易敞开心扉。不要说“是这样吗？”，而要说“××，是这样吗？”，在提问中自然地融入对方的名字。说出来的同时，也有助于记住对方的名字。

❤ 如果是更亲密的关系，可以不称呼姓氏，而直接称呼名字，比如，“良子小姐”。

消除隔阂

让事先调查的对方的信息在会话中登场

➡ 此举很容易传达出这样的信息：“我对你很有兴趣。”

我想要了解更多关于你的事情。

事先调查非常重要

在见面之前，浏览对方的社交软件或是博客，了解对方的兴趣以及擅长的领域。通过使用这一技巧，让谈话内容丰富起来吧。

注意！

也有人不喜欢在初次见面的时候就谈论私人话题，最好根据情况来决定要不要谈论这样的话题。

- 出生地
- 职业
- 外貌

特别是通过照看孩子而产生交往的妈妈们，彼此之间还是回避一些私人的话题比较好。

消除隔阂

偶尔扮演长辈的角色

➡ 可以缓和“年龄大＝有距离感”的印象。

和年轻人之间有距离感时，不如干脆扮演长辈，如“阿姨”之类的角色，向他们请教自己不懂的事和流行的话题。被请教的年轻人应该也会感到高兴。倘若对方是上司，这样做就不太合适了。

对上司或长辈提问可以打开话题

➡ 无论多大年纪的人，被年轻人提问都会感到开心。

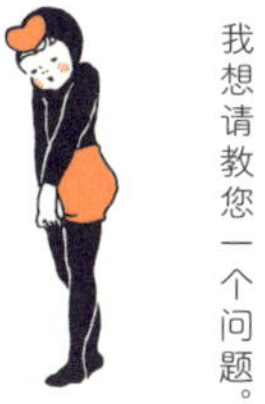

特别在与前辈或领导相处的场合，尽量以提问的形式开始对话吧——“这个我不太懂，还请您告诉我”“我还想多了解一些”。表现出拜托的态度，对方也会觉得高兴，谈话就能顺利地进行下去了。

说说自己的事，寻找共同话题

➡ 想要消除对方的戒备心的话，首先要让自己敞开心扉。

提问的时候需要注意

若是急于打破隔阂，过度问东问西，可能会让对方感到心累。可以适当聊一聊关于自己的话题，比如家乡、兴趣爱好和最近去过的地方。要是能找到共同的话题就太幸运啦！

比如说这类话题

- 兴趣
- 家乡
- 喜欢的食物
- 讨厌的食物
- 好吃的饭馆
- 热门的甜品
- 对人气化妆品的评价
- 自己养的宠物
- 一些令人烦恼的事情
- 喜欢的运动

从笑点和附和回应开始，找到能丰富对话的话题。

消除隔阂

分享痛苦，给予安慰

➡ 谈论消极的事情也许可以成为让彼此敞开心扉的契机。

“共情”，对缩短女性彼此之间的距离尤其关键。能够共同体会“真是太不容易了！”“真辛苦啊！”这种感受，可以瞬间拉近彼此的心。不要批评，也不要催促，耐心地听对方倾诉吧！别忘记说安慰的话哦。

和任何人相处都应当保持心情愉快

➡ 不区别对待，就不会给人以谄媚的印象。

不要根据对方的身份改变自己的声量和表情。如果对年轻的人用高压的态度，对男性用讨好的态度，一定会被周围的人察觉的。持之以恒地抱以温和的态度，人们自然会认为你是“好相处”的人。

❤ 请有意识地一直保持嘴角上扬的愉快表情。

关于季节的话题　参考样例

春

◎花粉症
◎赏花
◎黄金周
◎生活的变化（搬迁、入学、毕业等）

「花粉症好难受啊。」
「你去赏花了吗？」
「恭喜入学！」

夏

◎度过梅雨季的方法
◎如何过暑假
◎如何防晒

「（梅雨时期）要怎样洗衣服呢？」
「暑假要出去玩吗？」
「有没有推荐的防晒霜？」

秋

◎当季美食
◎度过秋天这个『玩乐』的季节的方式

「真是个收获美食的季节呢！」
「要去赏红叶吗？」
「你去登山了吗？」

冬

◎如何度过岁末年初
◎抵御寒冷的方法

「打算怎么过新年呀？」
「正月有什么计划吗？」
「你有什么抗寒方法吗？」

•MEMO•

第2章

表达感谢的无微不至

感谢

就算是很小的事，也要用“谢谢”来表达感激之情

➡ 感谢说得越多越能创造良好的氛围。

『谢谢』这句话可真好呢~
是魔法的语言呢，汪！

比起说“对不起”，说“谢谢”会更好

人们变得熟悉以后，会产生“对方为自己做了什么都理所当然”的感觉。这样一来，渐渐会产生误会。就算是很小的事，也请多和对方说“谢谢”吧，这样一来周围的气氛也会变得和谐起来的。

对关系很好的人也可以说“Thank you!”，更能表现亲密感。

感谢

“××，谢谢你！”加上对方的名字进行感谢

可以表现出「特别」感。

都是托伊藤先生的福，谢谢你！

只要在“谢谢”前加上名字，就可以缩短两个人之间的距离。说话的时候要好好地注视对方哦。

（“谢谢”的多种表达方式）

「您帮助我做××，实在是太感谢了。」

加上感谢的理由。

比起模式化的感谢语，不如告诉对方更具体的内容吧。

比起「之前真是谢谢您了！」，用「真是太感谢您了！」更能给人留下仍在继续感谢的印象。

用过去式会给人感谢已经中断的印象。

「谢谢您！我太高兴了！」

加上表达自己心情的语言。

“高兴”“有趣”“愉快”等，加上自己的感情，就能摆脱单一化模式。

「谢谢你！请问这是什么？」

在当时向对方询问。

收到小礼物之类的东西时，可以一边进行感谢，一边向对方询问，表达出自己很感兴趣。

感谢

得到帮助时，可以将**感想**连同感谢一起告诉对方

接受后就置之不理
可不行哦！

前些日子
推荐给她的店铺……
她还满意吗？

告诉了别人什么事情或者送别人礼物后，会担心是否合对方的心意。因此，得到了对方的帮助或馈赠时，除了感想，还应该告诉对方产生了哪些好的效果。

（要更具体地表达感谢）

『一定是精心挑选的吧！』关注于对方的行为。

得知对方为自己花时间挑选，当然会很开心。“百忙之中……谢谢你了！”把重点放在对方的行为上也不错。

归还借来的东西时，说上几句自己的感想。

“谢谢你借给我这本书。我对主人公的遭遇很有共鸣。”“看那一段的时候我都哭了。”告诉对方诸如此类的感想，对方会觉得：“借给她可真好！以后还想继续借给她。”

『我的家人也很开心。』加上其他人的感想。

来自他人的评论更有真实感。

在对话的末尾再说一次『谢谢』。

用“谢谢”作为对话的开头和结尾，可以愉快地结束对话。

感谢

褒奖和犒赏是感谢的另一种形式

➡ 集中赞美对方的努力吧！

从平时注意观察对方入手

“你好擅长整理文件！”“你的宣讲真的很用心！”

“百忙之中还麻烦你，太感谢啦！”……仔细观察对方，进行称赞和鼓励。

通过赞美对方的努力，培养彼此信赖的关系。

如果实在找不到可以称赞的地方，试试从“如果自己受到这样的夸奖后会感到高兴”的地方入手吧。

把“感谢”之情记录下来

➡ 做好记录的话，就算时光流逝也能立刻回想起来。

制作开心事物的清单

把收到的小礼物、各种时节收到的信等令自己开心的事物都记录下来，就不会忘记了。这样的话，下次再见面的时候，可以再次向对方致谢。

♥ 还可以记录对别人的印象等，在送人礼物的时候，也许能派上用场。

先发个信息，然后再写感谢信

➡ 把喜悦的心情第一时间告诉对方。

重要的是，别耽搁时间哦。

收到了您送的美味的点心！太感谢啦！

收到礼物的时候，立刻给对方发长篇感谢信当然很好，但是大多数时候可能会来不及准备。这时，可以先给对方发一条表示感谢的信息。尽早发出信息很重要。

❤ 如果收到了花和装饰品，附上一张把它们装饰起来的照片就更好啦。

间接地表达感谢，与惯常的方式有所不同

→ 表达出发自内心的喜悦。

试着发到社交平台或博客上吧：“收到了这么棒的东西呢！” 对方看到的时候一定会很高兴的。把开心的事告诉彼此共同的友人也不错。

程式化的回复会产生反效果，用自己的语言表达想法

➡ 拘泥于形式的表达会掩盖感激之情。

原原本本地表达自己的喜悦之情

和慰问与吊唁的信件不同，表达感谢的信件不那么正式也没关系。
把高兴的心情和感谢直白地告诉对方吧。
过于套路化的表达方式会让人感觉虚伪。

还可以在感谢信和卡片上画上小插图，灵活使用邮票和贴纸。

表达感谢的身体语言和手势

鞠躬致谢

弯腰的幅度越大，行礼越郑重。请根据与对方的关系和感谢的内容决定鞠躬的程度吧。

温柔地注视对方的眼睛

道谢时看着别的地方，未免缺乏诚意。微笑着用温柔的表情，一边注视着对方一边说『谢谢』吧。

身体接触和拥抱

如果双方关系很亲近，可以一边用肩膀和双手轻轻接触对方的身体，一边说『谢谢』。对于特别亲近的人，也可以用外国式的拥抱进行感谢。

在感谢时把手放在胸口

一边把手放在自己胸前一边说『真是谢谢您了！』，会给人一种『很认真』『衷心地』和『很感动』的印象。

•MEMO•

第3章

寄送和赠送时的无微不至

手写留言
可以增加好感

→ 让电子打印的文件也展现出人情味。

没有什么东西能胜过手写留言

手写全文过于理想化，有时难以实现。只要在打印资料的最后加上一段手写的文字，就会变得富有人情味了。手写的力量真的很强大呢。

即使手写的字体并不好看也没关系，只要认真书写就能打动对方。

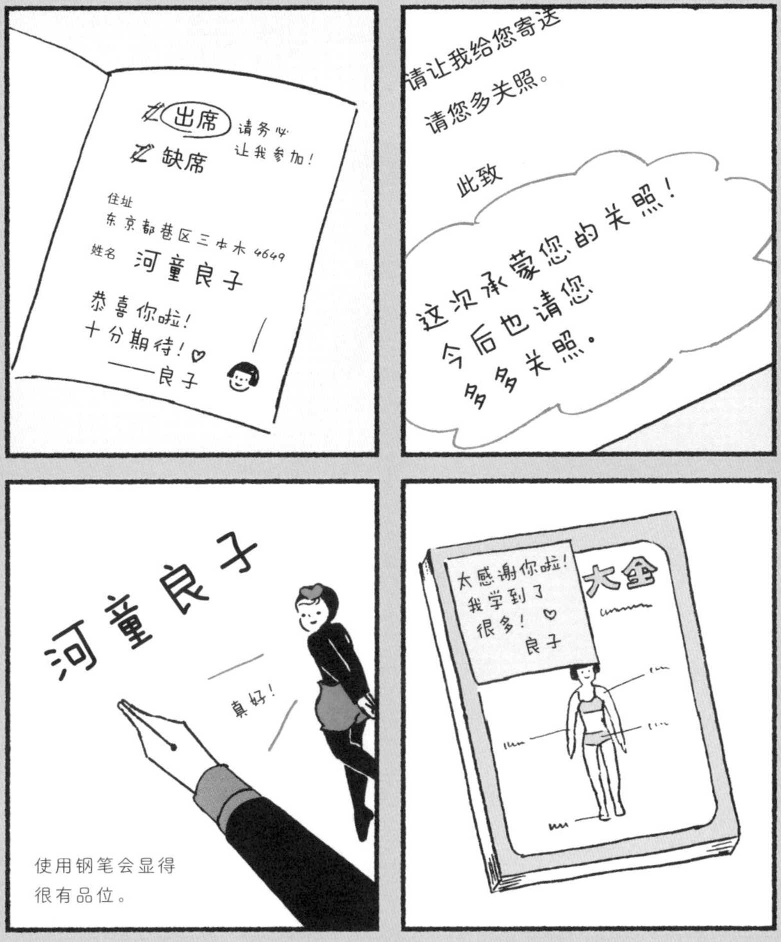

就算是只加上一句手写的“请您多关照”，给人的印象也一下子不同了呢。

在文件上附上便笺或一笔笺

➡ 让冷冰冰的文件往来产生变化吧！

单纯把资料交给别人，会有一种冷冰冰的感觉，附上便笺或是一笔笺吧。只要加上简单的一两句话，就会让对方在收到时心情有所不同。便笺的设计也十分丰富，选择适合对方的样式效果更佳哦。

稍微花点工夫的小技巧

给对方文件之前，在适当的页面和特定的位置贴上便笺。

把需要检查的特定位置明确标示出来，避免浪费对方的时间。

在封口的时候，用纸胶带或贴纸稍微装饰一下。

在正式的场合这样做是不行的，不过用在平时寄送的文件上能让对方提起兴致。

对于上年纪的人，要写加粗的大字。

写的时候要比平时更用力，慢慢地写出大字。

挑选便笺和一笔笺的技巧

- **送给女孩子时**
  花朵和甜点的花纹，卡通角色的花纹等。
- **送给感性的女性时**
  流行插画的花纹，讲究的用纸。
- **送给男性时**
  选择简单的设计和即使被别人看到也不会觉得不好意思的花纹。
- **送给年长的人时**
  包含季节感的设计。

精心挑选邮票

➡ 让人在打开信封之前就兴致勃勃。

寄送工作文件时也一样哦！

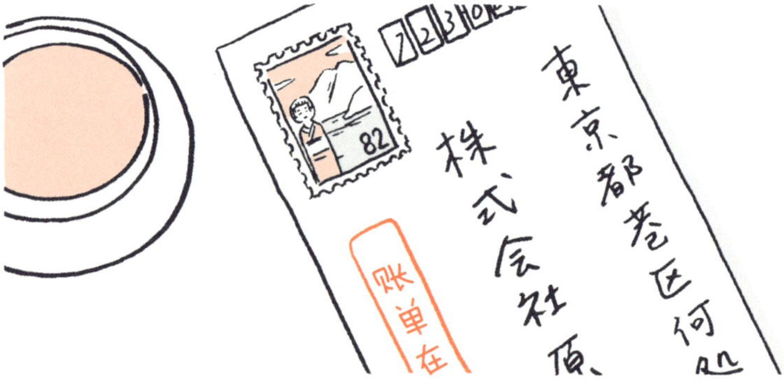

邮局除了发行定期邮票，还会发行很多特殊的邮票，比如期间限定的邮票、和漫画角色联名的邮票、本地特色的邮票，等等，请务必到邮局去看看。只要使用稍微特别一些的邮票，就能让对方在打开信封之前提起兴致。

邮票的多种用途

一边想着对方的喜好一边挑选邮票吧。

为了配合季节和对方的喜好，平时就注意收集各种款式的邮票吧。

在邮票周围手写几句话。

如果和对方关系很亲近，加上几句适合邮票设计的手写留言也不错。

将小额邮票组合起来使用。

比如将 8 张 10 日元的邮票和 1 张 2 日元的邮票贴在一起，小额邮票的组合看起来有一种幽默感。可以用于寄给关系亲密的朋友。

盖上风景纪念邮戳。

大部分邮局都可以加盖风景的邮戳。邮戳的图案有诸如邮局名称、年月日和地方名胜等各种类型。能展示出当地的风情也很有趣呢。

❤ 邮局是使用机械自动操作的，要注意记住邮政编码。

寄送·赠送

准备一些
额外的小礼品

➡ 小小的礼物，可以让人产生好感。

给别人小小的惊喜

要给别人东西时，额外附上个小礼物吧。制造小小的惊喜，能提升对方的干劲，
小礼物也不会给对方造成负担。选择适合对方的东西，更能让对方开心呢。

在无法直接递交的情况下，可以选择小点心或茶包之类比较方便分发的东西。

送礼物时要考虑对方的生活方式

➡ 而不是送自己想送的东西。

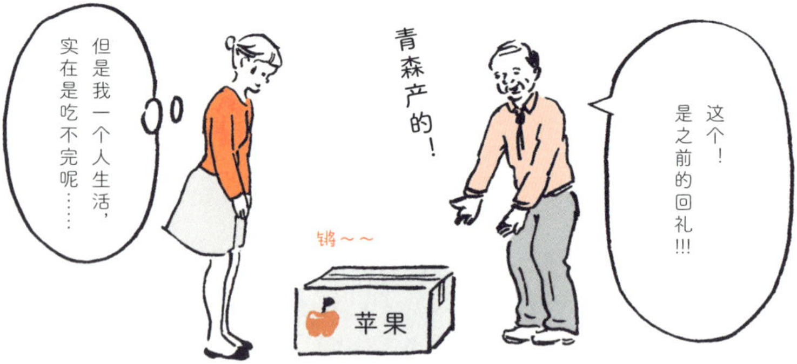

送礼物的时候，除了喜好，还要考虑对方的生活方式。“过度”的礼物会给人造成困扰。如果要送对方食品，还要注意检查保质期。

❤ 也要避免送给别人在扔掉时会产生心理负担的东西，比如，护身符。

（送礼物也要**适材适所**）

送给办公室的礼物可以选择**单独包装的点心**。

长时间放在茶水间也不会变质。

送给独居的人食品，要送**一个人能吃完的量**。

吃不完的话就会坏掉，或超过保质期，这会给对方带来负担。

给上年纪的人送礼物时，要选不会给身体造成负担的、**重量轻的东西**。

再好的东西如果太重也会给人造成负担。要是送人重的东西，配送到家里也是可以的。

给一个家庭送礼物时，要注意数量上应当**容易分配**。

避免对方因为分发礼物而产生争吵。

♥ 给身体不好的人或邻居送礼物时，可以放在玄关门口或信箱里。

平时就要留意对方的个性和喜好

➡ 可以作为以后送礼物的参考。

灵感来源于日常生活

平时就留意对方聊天时经常提及的关键词和随身穿戴的东西吧，在送礼物时都可以作为参考。出其不意地送出对方一直想要的礼物，对方一定会感到高兴的。

比如，可以考虑以下这些要点：

- 年龄
- 对方的个性（传统的还是开放的？）
- 喜欢的颜色、花纹和题材
- 对时尚的品位（休闲还是保守？）
- 经常穿的服装的品牌和制造商
- 经常去的店铺
- 最近热衷的事情
- 身体状况（最近是否感觉低落？）

找不到灵感的时候，就去问一问别人吧。不管怎样，大方地去问吧！

寄送·赠送

送礼物的时候把关于礼物的故事告诉对方

➡ 表达出自己好好地挑选过，不是随随便便送的。

送给对方自己不了解
的东西可不行哦！

各种关于礼物的故事

- 「品尝之后觉得很好吃！」
  ↓ 富有真实感
- 「原料很讲究……」
  ↓ 表达出高品质的感觉
- 「是名人××推荐的」
  ↓ 对方更容易接受
- 「是当地有名的特产」
  ↓ 表达出礼品的珍贵

这个点心的
用料非常讲究，
十分美味！

送礼物的话，无论是食品还是自己喜欢的商品，都要送自己了解的东西。而且，如果能告诉对方自己遇到这个东西的小故事，就会加深这个礼物给人的印象。

♥ 如果关系很亲近，可以送自己想吃的东西作为礼物，并询问对方的感想。

宜选择消耗品作为给初次见面的人或已婚男性的礼物

➡ 异性送的“礼物”可能会给人压力。

有伴侣的男性也一样。

谢谢！
请您和尊夫人一起品尝吧。

如果要给初次见面的人以及异性送礼物，在不知道对方的喜好时，选择“消耗品”（比如饮料或者食品）吧。特别是在对方有伴侣的情况下，为了不给对方造成负担，可以加上“和您夫人一起”“和您的女友一起”之类的话。

♥ 要注意，有些人会把异性送自己礼物的行为当作恋爱意向的暗示。

寄送·赠送

搜集一些产品包装可爱的店铺

➡ 重要的不仅是礼物本身，包装也属于礼物的一部分。

有品位的包装能
让人兴致高涨！

包装更需要讲究

好看的包装，能够提升礼物的品位。平时就多留意那些包装好看和在包装上下功夫的店铺吧。自己包装起来也不错，平常储存一些包装用品会很方便。

merci
这家糕点店会在包装上附赠原创的留言卡！
把应季的鲜花包装得好看的花店。
化妆品店推荐这里。可以把小样一起包装起来！
OPEN
杂货店推荐这里！包装非常豪华。

一些很方便的包装用品：

- **好看的纸袋**
  需要装东西的时候很方便。
- **透明的袋子**
  想让人看到袋子里的东西时可以选用。
- **丝带和麻绳**
  只要给礼物扎上丝带就能营造出礼物的氛围。送给男性时，时髦的麻绳也是不错的选择。
- **碎纸丝填充物**
  细长条的碎纸能够衬托礼物，给人一种高级的印象。
- **纸胶带**
  代替透明胶带使用，给人一气呵成的感觉。

如果掌握了很多店铺的信息，有急用时就不用愁了。

寄送·赠送

收集适合不同年龄层的留言卡

➡ 可以立刻根据对方的身份选出合适的卡片投递。

为了能给年长的人、上司、同事、朋友等不同身份的对象合适的卡片，可在平时准备好各种各样的留言卡，这样写信时立刻就可以拿出来。写留言卡比写电子邮件更能体现深厚的情意。

和人再次见面时，可以谈起和之前有关的记忆

➡ 没有什么能胜过“记住对方”。

还记得这些，
我可真开哪！♡

比如像这样：

- 「前几天的花外套很好看呢！您今天穿的也很适合您。」
- 「您换发型了呀！」
- 「我去了你上次推荐的咖啡馆！」
- 「您上次提到的那个东西，我也去买了呢。」

LEMON Cake
你上次推荐的点心，
我也去吃了。
真的很好吃！

和对方再次见面时，可以谈到上次见面时聊过的话题，以及上次对方随身佩戴的饰物。单单知道有人这样记挂自己，对方就会觉得非常开心了。

在特别的纪念日，给对方发去贺电

订婚 **结婚** **结婚纪念日**

可以送对方气球、鲜花、玩偶等各种各样的礼物，为两个人的美好日子锦上添花。

庆贺宝宝出生

住得很远，难得一见的朋友生小孩的时候。

入园 **入学** **就职的庆祝**

对步入新的人生阶段的朋友表达祝福。

母亲节 **父亲节** **敬老日**

向关系不够亲近的双亲和祖父母，表达平时羞于启齿的感激之情。

MEMO

第 4 章

约定时的无微不至

约定

不要只记录约定的时间，还要记下约定的目的

➡ 这样可以让准备更充分，更游刃有余。

总结好相关事项

做日程管理的时候，不仅要记录时间、地点，还要记录谈话内容、要带的东西、路程需要的时间以及着装的注意事项等。
也需要留意约定之外的事情。

最好事先调查一下到会合地点的路线。

临近约定日期，记得发送确认邮件

➡ 要防止好不容易约好的会面被忘记。

难得约一次呢！

后天的会议还要请你多指教。
幸好提醒了我！
啊，是后天开会啊！

约定日期将近时，巧妙地给对方发送“确认的邮件”吧。提前几天发送的话，即使对方忘了也还来得及调整日程。

（不让对方感到压力的确认方式）

『期待后天见面！』加上自己的心情来确认日程。

巧妙的提醒能让彼此更积极地迎接约定的日子。

『我们约的是周二对吧？』装成自己忘了的样子进行确认。

确认日程可能会让对方感到紧张。装成自己犯迷糊的样子去询问吧。

对于妈妈们之间的约会，前一天最好询问一下『身体情况怎么样？』。

孩子的身体经常会突然出问题。妈妈本人可能已经很焦急了，所以就算临时取消也不要责怪对方。

利用社交工具的群组功能群发。

对于多人的聚会，可以给群组成员群发信息，压力也会降低。

不仅是让对方确认信息，也是让自己确认。

约定

拜托对方
提醒自己

➡ 重要的是营造出易于对方催促的气氛。

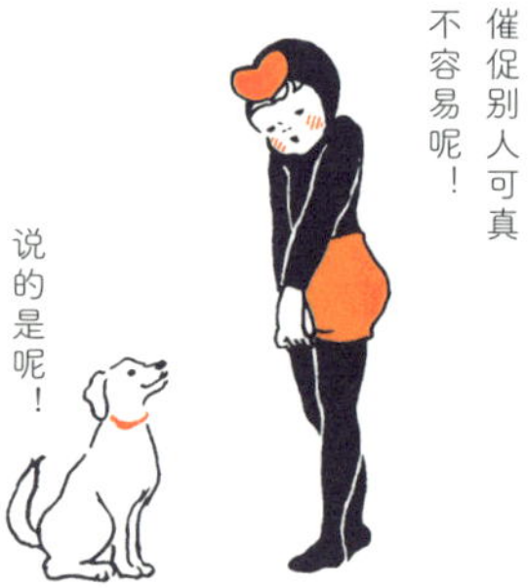
催促别人可真不容易呢！
说的是呢！

催促的难易取决于自己的一句话

谁都不愿意催促别人。然而有时迫于情势难免需要催促对方。如果事先约好，可以制造出让对方能更轻松地督促自己的氛围。

“我最近有点迷糊……”开个诸如此类的玩笑来缓和气氛。

约定

选择让人心情愉快的会合地点

➡ 让等待也充满乐趣。

下雨的日子、下雪的日子、有花粉的日子、寒冷的日子、炎热的日子……约会的地点定在室外不一定方便。这种时候就把碰头的地点定在室内吧。书店、车站里的商店、咖啡馆……选择让对方在等待时不会觉得无聊的场所吧。

迟到的时候，要道歉并表达自己的愧疚之情

➡ 在此基础上，不要浪费对方的时间。

当迟到无法避免时，除了道歉之外，可以让对方先进行下一步的活动。告诉对方“请您先去吧”“我一会儿就到了，请您再稍等我一会儿”，并且不要忘记告诉对方自己大概什么时间能到。

对于聚餐或会议之类的场合，要加上一句：“请你们先开始吧！”

更改约定时间的话术

取消约定的时候，一定要直接地道歉。

↓

不要找借口，直接道歉，并且提出下次约会的时间。

对不起！
请告诉我下次
方便的时间吧！

不要用『有重要的事情』作为取消的借口。

↓

对方会觉得：『我的事情就不重要了吗？』

被『放鸽子』的时候也不要生气，要说『明白了，那下次再约吧』。

↓

也许对方有不得不紧急取消的理由。不要生气，冷静地应对吧。

约定时间时，避免约在类似于『14:00 至 15:00』的区间。

↓

对方会对『14:00』印象深刻，就算 14:30 到的话也会给对方迟到的印象。所以请避免和对方约在『某个时间段』。

• MEMO •

第 5 章

拜托对方时的无微不至

拜托对方

拜托对方的时候要告知事情的紧急程度

➡ 事情是否紧急，不说的话对方是无法了解的。

「啊？是很着急的事吗？」人们也会有这种反应呢。

只是稍微改变一下表达方式

拜托对方的时候虽说要有所顾虑，但是如果言语模糊，则容易让对方产生误解。
鼓起勇气直接说明吧，重点是要把紧急程度清楚地告诉对方。

对不起，可以现在帮我检查一下吗？
请在下周之前做好哦，拜托啦！
OK！
请您有空的时候帮我看一下吧！
好的！

被人拜托做事时，一定要好好确认一下日期。

如果是复杂的委托，请将5W1H的备忘录交给对方

➡ 告诉对方具体的指示，就能避免错误。

Where, who, how...

What, why, when...
还有什么来着？

委托内容请尽量交待得具体一些

如果是较为复杂的委托，除了委托的内容之外，还要告诉对方日期、样式、使用目的和注意事项。告诉对方委托的意图，能让对方更好地掌握要领，也可以防止犯错。在进行的过程中，如能确认对方的进度就更好了。

如果能提供成品作为示例，对方就更容易理解了。

拜托对方

告诉对方选择他的理由

“这样的话，请务必让我来做！”对方能更积极地接受委托。

拜托对方的时候，告诉对方为什么要选择他。表达出自己不是随便找一个人，而是特意选择了对方，对方会感觉到自己是“被选中的人”，从而会以更积极的姿态接受任务。

准备一些小甜点作为“贿赂”

→ 一点点就刚刚好。

「贿赂」也有积极正面的哦！

前几天勉强你帮忙实在是不好意思！托你的福，按时完成啦。
良子

勉强对方帮忙做事，以及对方非常尽心尽力的时候，可以给对方准备一些小点心作为礼物。要避免选择高级品或数量很多的东西，以免给对方造成负担。交给对方的时候说“不要客气”是关键。

拜托对方

用让对方有拒绝余地的语言进行邀约

➡ 避免给对方压力也很重要。

拒绝别人可真不好啊……

下周有安排了吗？如果不行，不要不好意思，一定要直说哦！
谢谢，其实我要给孩子准备去幼儿园的事……

拒绝别人拜托的事情也不容易，所以要给对方寻找不需要客套的理由，告诉对方“不行的话也不要介意，请一定要告诉我”，避免给对方增加负担。也可以给对方提出多种选择方案，比如“电话不行的话，发邮件也可以呢”。

❤ 被拒绝时要回复说：“谢谢！那我下次再来拜托你！”对方知道这次不行还有下次，会感到安心。

事先做好铺垫

创造出容易提出话题的气氛。

提前做好
心理准备吧！

有件事想要拜托河童小姐。
下周拜访你的时候再和你说。

比起委托的内容，提出委托的时机也很难把握。在见面拜托对方之前，先跟对方打招呼说“我有事想要拜托你”。这样提出委托的时候会比较容易，对方也有心理准备。

可以在聊天的时候问对方“最近忙不忙？”，来判断对方是否可能接受委托。

拜托对方

平时也要多帮助他人

➡ 紧要关头，就能变成共同协作的伙伴。

日常的信赖关系是关键

对方是否接受你的请求，取决于你自己日常的行动。为了能在遇到困难时获得帮助，平时就要尽可能地去帮助别人。这样多少也能减轻让别人帮忙之后产生的愧疚感。

拜托对方

完成委托之后的反馈也很重要

➡ 有很多人会在意自己的成果产生了什么样的影响。

道谢的同时，把结果反馈给对方

被委托做事后，有些人会在意自己的做事方法和工作质量是否存在问题。向对方报告一下工作的后续情况吧。对方能收到反馈的话，下次也会高兴地接受委托的。

特别是经人介绍的工作……

如果工作是经人介绍的，不要忘记向介绍人汇报结果。正是因为信任你，对方才会将你引荐给他人。不要辜负这样的信任，一定要向对方反馈结果哦。

拜托对方

拜托对方的时候请告诉对方自己不能做的理由

➡ 知道了理由，对方也就能理解了。

要告诉对方为什么
『自己』不行哦！

能不能拜托你替我做下周的扫除值日……那天我请了带薪休假……
明白了！休假愉快哦！

在拜托对方的时候，告诉他“为什么自己做不了”吧。如果对方接受委托，千万不能说“你能帮忙，我太幸运啦！”这种话。还有不要忘记说：“要是不方便的话，不用顾虑，请直说。”

如果这样还是不行
就放弃吧

➡ 也会有这种时候的！（笑）

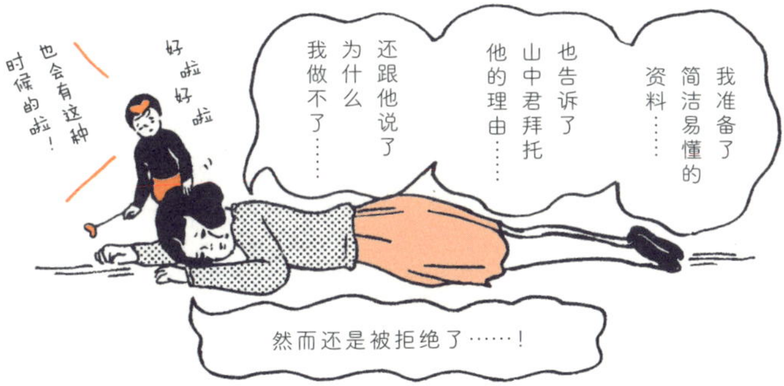

并不是每个委托都会被人接受，也存在尽力而为却还是碰壁的情况。这种时候不要消沉，考虑下一步该怎么做吧。没有人会因此责怪你的，所以也不要责怪自己。

写委托邮件时的要点

只写“拜托您做××”是不行的

『事出突然实在不好意思，能拜托您做××吗？』用委婉的语言和疑问的形式来拜托对方吧。

不要只考虑自己方便

『总之这事很着急，请您在明天之前做好。』这样说话，会给对方一种自作主张的印象，是不可取的。

在邮件标题中把委托的事情写清楚

『××寄件委托』『麻烦您更改时间』，写标题的时候就让人一目了然。

必要的话，打电话说明一下

如果是很复杂的委托，打电话说明一下吧。

•MEMO•

第 6 章

拒绝和被拒绝时的无微不至

做不到的时候要
果断拒绝

➡ 犹豫不决无法拒绝会产生反效果。

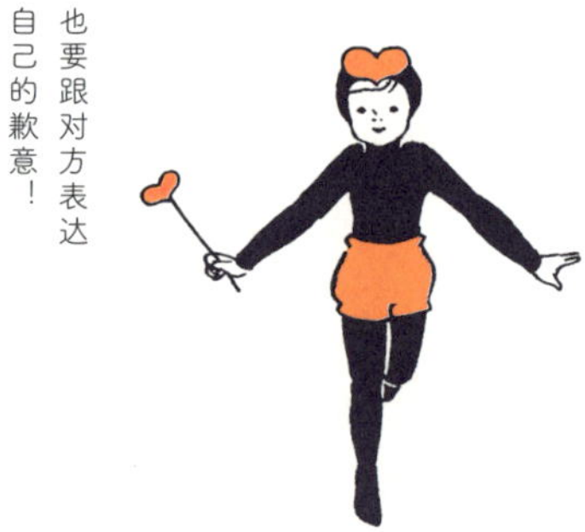
也要跟对方表达
自己的歉意！

要坦白地告诉对方原因和心情

不要用暧昧的方式拒绝。在表达抱歉心情的同时，告诉对方不得不拒绝的理由。拒绝时，也可以先和对方表达“你能来问我，真的很感谢！”的感激之情。

NICE
谢谢你邀请我！
但是不凑巧，那天我先和别人约好了……
想去是想去……我现在还不确定到时的安排……
明白啦！那我下次再邀请你！
是来不了吗……不对，难道说是不想来吗？

拒绝的时候要干脆果断。拖的时间越长，拒绝起来越困难。

拒绝·被拒绝

请使用比“做不到”和“去不了”更委婉的说法

➡ 成为就算拒绝了别人，别人也会再来邀约的人吧。

温文尔雅的
言谈举止
非常重要哦！

虽然我很想帮忙，
但是那天刚好有
别的事……

用“太遗憾了”之类的话语，表达自己愧疚的心情吧。这样一来，气氛就会变得积极起来。如果直接跟对方说“做不了”，会让对方感到自己被断然拒绝了。用委婉的话语，会让对方即使被拒绝，也愿意“下次再邀请你”“再次拜托你”。

用聪明的拒绝方式来缓和气氛

『真不凑巧。』

用这种委婉的语言作为铺垫。

例『不能参加』

↓『那天不凑巧先跟别人约好了，所以没办法来参加，实在不好意思！』

『太遗憾了。』

告诉对方自己的心情。

例『身体不好不能去了』

↓『实在太遗憾了，我的身体出了问题，所以没办法去了。』

除了告诉对方自己没办法去，告诉对方自己遗憾的心情也很重要。

『没帮上忙，实在不好意思。』

先行道歉。

例『做不了』

↓『这次没能帮上您的忙实在抱歉，下次有事的话，欢迎您再来问我！』

『您的心意我领了。』

委婉地拒绝。

例『我去不了。』

↓『非常感谢您的邀请，这次我有所不便，无法出席。』

多说一句以便
下次联系

➡ 拒绝对方之后，也要保持良好的关系。

积极的拒绝方式

拒绝的时候，多说一句，以便今后继续保持联系。这次虽然不行，但是想到还有下次的话，就能保持良好的关系。别人也是鼓足勇气才来邀约你的，不要辜负这样的感情哦。

保持联系的委婉话术

下个月就可以了。

下次一定让我一起！

只要方便，下次我一定参加。

下次再来问我啊！

能表达出“你来问我，我很开心！”的感情就更好了。

拒绝的时候，不要将太忙作为借口

➡ 要说忙，大家都很忙啊。

这样说会让人不爽哦！

那天刚好有点忙！抱歉！
……

基本上大家都挺忙的。不可能只是你自己很忙，而且每个人忙碌的标准也不一样。不要用忙碌作为借口，用“事先有约了”“不方便”“身体不适”等作为拒绝的理由吧。

♥ 工作场合因为私人原因拒绝时，加上一句“不好意思，我不太方便”吧。

无法拒绝的时候，可以提出自己能做到的事情

➡ 可以给出其他替代方案。

在不造成困扰的范围内~

如果能等到明天，我就可以处理了……

比如说这样的方案

- （没办法立刻照做）一小时之后的话可以
- 我处理好现在的工作，就过来取
- （周四的话不太方便）周五的话可以去
- 要是能带小孩的话，我就能去

“做不了”“去不了”会给人有点强硬的印象。要是对方因此再也不来邀约你就不好了。比如说，在指定日期或指定时间无法参加时，和对方商量“如果可以推迟一个小时，我就能来参加”等，提出自己可以实现的方案。就算结果还是一样，也能表现出诚意。

❤ 不要没完没了地讲不能做的理由。

不能出席时，要先告诉活动负责人，然后再发到社交平台上

➡ 要注意不能扫了大家的兴。

要考虑到对周围人的影响

一方面，当自己不能出席多人聚会时，会很想尽早告诉活动负责人。而另一方面，还是应该等差不多一半的人都表过态之后，再发到社交平台上才比较合适。一开始就说自己不能参加，会扫了其他成员的兴致。

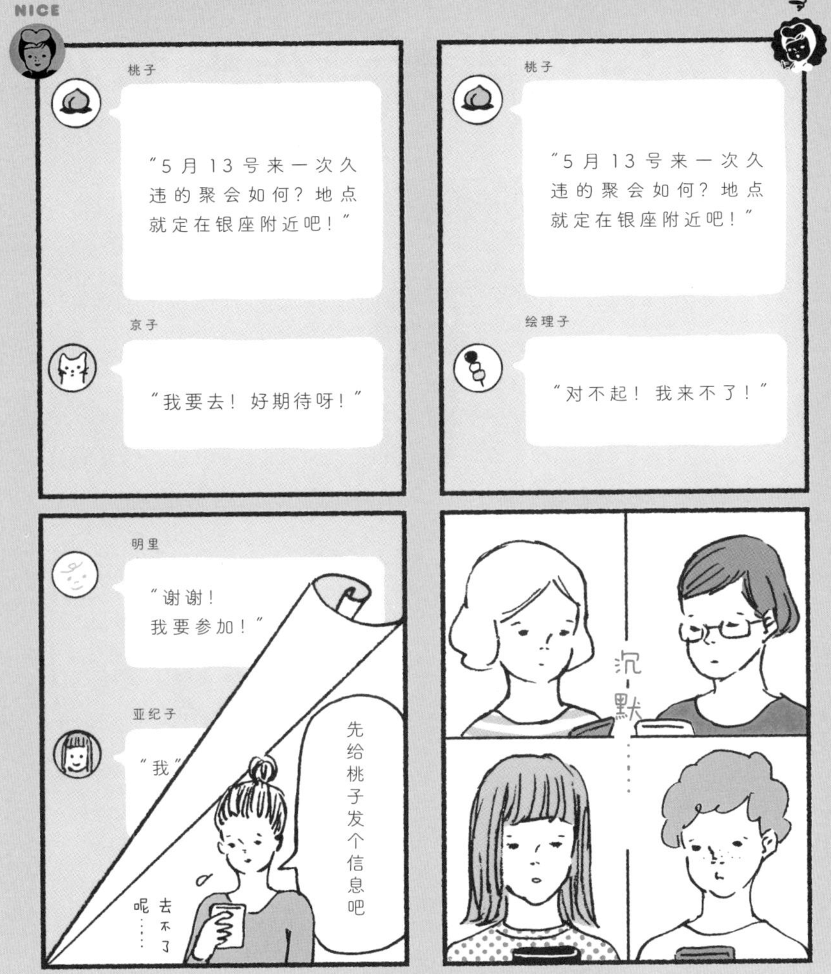

在社交平台发送不能参加的消息时，不要忘了加上一句积极的回复，比如：“祝你们玩得愉快呀！”

拒绝·被拒绝

无法参加的时候用送慰问品的方式作为替代

➡ 表达“我也来参加了！”的心情。

送慰问品的话
还是能做到的！

比如，这样的慰问品

- 不能参加的婚礼
  ↓ 贺电
- 不能参加的聚餐
  ↓ 酒或是宴会用品
- 不能参加的迎新会或欢送会
  ↓ 给主角写信
- 不能参加的家庭聚会
  ↓ 点心大礼包

河童小姐送了香槟过来！
请大家一起享用吧！河童

比如说，送别会的时候给主角送来信件之类的，思考一下能用什么方式作为无法参加的补偿。

明确地告诉对方
不需要准备哪些东西

➡ **避免浪费对方的时间。**

这样一来，能给彼此都带来好心情呢！

“附加的资料我们这边来准备。”
“不用带过去，太好了！”

“我们这边来准备印刷”“已经买好了，没关系的”像这样把不需要准备的东西事先告诉对方。涉及留宿时，提前告诉对方“可以借给你睡衣”“有牙刷”，也可以给对方减少麻烦。

❤ 对于需要自己带东西来参加的聚会，可以告诉客人“没有准备哪些东西”作为参考。

拒绝·被拒绝

要考虑到拒绝别人也需要勇气

➡"拒绝"也是很耗费精力的。

想象对方的心情

被拒绝的时候，用微笑来面对吧。对方的心里一定也很不好受。反过来，自己也会有拒绝别人的时候。此时，对方要是能微笑着接受，自己也会觉得欣慰吧。无论是拒绝还是被拒绝，都要“彼此体谅”啊！

“很难开口吧？”站在对方的角度这样说一句，也会产生效果的。

用坦率的语气回复邮件

➡ 平易近人的语气，可以化解对方的歉疚感。

有时要有意识地轻松化解

有时候对方会因为拒绝了你而感到惶恐不安，多少回复几句话比较好，这样也能减轻对方的心理负担。特别是在自己比较年长的情况下，对方可能会过度惶恐。年长的人应当做出努力来缓和气氛。

在面对面的情况下，可以轻松地回复对方："下次再拜托你吧！"

婉拒劝酒的实用方法

STEP 1

「对不起，我的体质没办法喝酒。」

勉强让不能喝酒的人喝酒会引发危险。不要说自己「不喝」，而要告诉对方自己「不能喝」。

STEP 2

「我虽然不能喝酒，但是很喜欢聚餐的氛围。」

拒绝喝酒的话，别人会产生「为什么？」「那你为什么还要来？」这类疑问。这时，要明确地进行反驳。

STEP 3

「今天请连同我的这份一起喝了吧！」

喜欢喝酒的人与不能喝酒的人共处时会有所顾虑。为了让对方能毫无顾忌地畅饮，多说这样的一句吧。

STEP 4

跟店员说自己不能喝酒

说了自己不能喝，还是被强行劝酒时，可以悄悄跟店员说「请帮我准备酒精含量低的酒水」，寻求帮助。

• MEMO •

第 7 章

道歉和引起麻烦时的无微不至

道歉要趁早

➡ 道歉越早，造成的伤害越小。

道歉尽可能早是一条铁律

造成麻烦时，首先赶快道歉吧。拖的时间越长，对方的心情越糟糕。
有可能的话，把解决办法也同时告诉对方。

比如，这样的道歉方式：

- 给对方造成负担的时候 ➡ “给您添麻烦了！”
- 比“非常抱歉”更诚恳的说法 ➡ “由衷地感到抱歉！”
- 回答不上问题的时候 ➡ “是我学习不足，实在抱歉！”
- 谈论今后打算的时候 ➡ “今后我一定多加注意，避免再次发生类似的情况”

❤ 没能及时道歉时，要说：“跟您道歉晚了，实在是非常抱歉。”

不要找借口，首先要简单直接地道歉

➡“是自己的错？还是对方的错？”不要从这个角度开始思考。

不要特意替自己开脱，简洁地道歉

我们当然不会故意引起麻烦。然而，如果一味替自己开脱，就会产生反效果。先说句“实在抱歉！”进行道歉，之后再慢慢解释吧。

先让生气的人坐下再说

➡ 生气的人如果长时间站着，会更加兴奋。

冷静下来再说话，就能相互理解了。

首先要冷静下来

对方很亢奋的时候，首先要让对方冷静下来。
为了平复对方的心情，先让对方坐下吧。
对方哭泣的时候也一样，可以先换个地方再听对方怎么说。

冷静下来

除了“请坐”之外……

- 换个地方
- 给对方敬茶
- 换一个负责人再说

自己很急躁时也一样。深呼吸，先冷静下来。

自己先说出对方的情绪

➡ 告诉对方："我明白你的心情。"

和别人分享懊悔的心情

在道歉的时候注意观察情况，替对方说出他的愤怒或悲伤。让对方感受到“啊，这个人能理解我呢”，缓和对方的负面情绪。

站在对方的立场说话时……

理解对方生气的原因非常重要。还要避免让对方觉得“你懂什么……!”，导致情况恶化。

道歉·引起麻烦

想要更郑重地表达歉意的话，比起“不好意思”，“非常抱歉”更合适

➡ 更能表达认真的心情。

要好好地表达
抱歉的心情哦~

“不好意思”是以自我为中心的表达

想要诚恳地道歉的时候，用“非常抱歉”比用“不好意思”要更好。前者更能表达出自己没有辩解的余地。因此，更能表达真诚的歉意。

“不好意思”的含意：

这句话原本的含意是“我心里觉得不好意思”，暗示“比起对方的心情更优先考虑的是自己”。用在平时是完全没有问题的，可要是对上级或长辈道歉，或在想要更诚恳地表达歉意时，用“非常抱歉”更为合适。

❤“对不起”也不适用于郑重道歉的场合。

道歉后，提出
具体的解决办法

➡ 只道歉是难以恢复信用的。

具体地说明接下来要怎么做

只道歉是无法解决麻烦的。接下来如何行动至关重要。尽可能详细地告诉对方要如何解决，对方也就能放心了。

然后，赶快行动吧！

构思具体的对策时要明确两点：在什么时间之前，要做什么。

用感谢来代替道歉

➡ 在道歉之后，用感谢来缓和对方的情绪。

麻烦也是制造情感纽带的机会

对方生气的时候一定会抱有各种各样的想法。不要一直重复道歉的话，试着把道歉的话换成感谢吧。对方也会认为“说得很有道理”，有时候还会促成好印象。

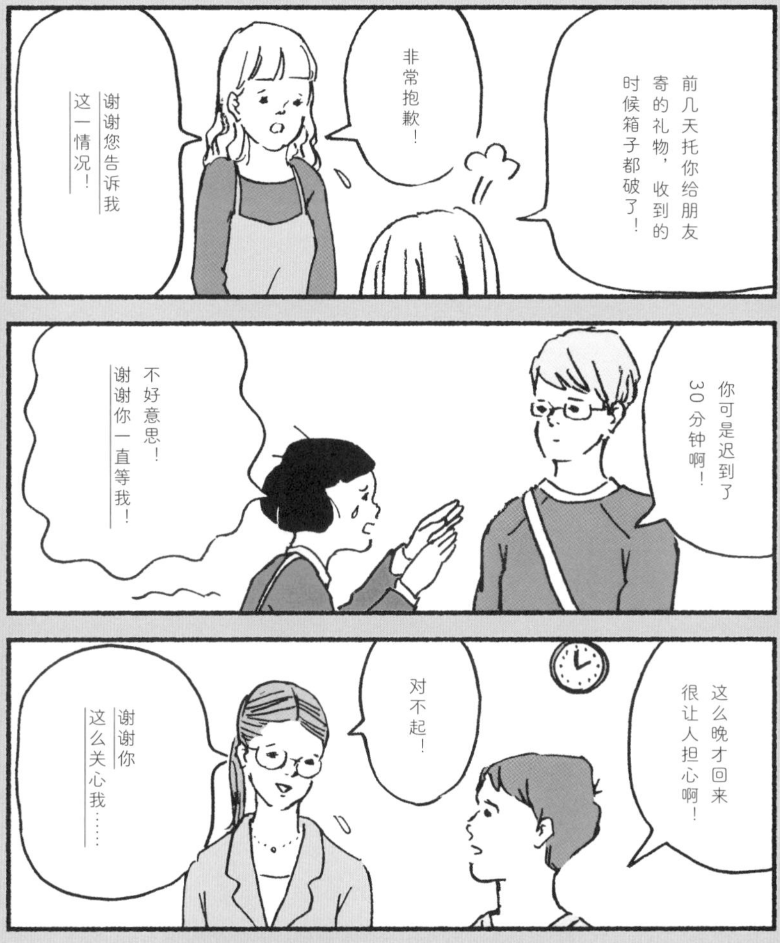

在发生冲突的时候，不要一开始就把道歉换成感谢，要按照先道歉再感谢这个顺序行动。

就算是小事也要说“对不起”

➡ 把矛盾的产生扼杀在萌芽状态。

说和不说的区别
可是很大的哦！

擦肩而过的时候不小心撞到了肩膀，取行李的时候不小心碰到了手……虽说都不是什么大不了的事情，但是如果能在这种场合说一句“对不起”，就能维持和谐的氛围。特别是在满员的电车里，很容易因为小事发生冲突，一定不要忘了说“对不起”哦。

下次见面的时候也要记得之前引起的麻烦

➡ 展现诚意，无论多少次都不嫌多。

不要忘记之前打电话或发邮件进行道歉的事，下次见面的时候还要再次道歉。向对方表现出自己的责任感。千万不要装作完全没有发生过的样子，这样对方也不会开心的。

别人向你道歉时 不要忘了表示自谦

➡ 谦虚能丰富人际关系。

在别人致歉时，自己也可以说“哪里哪里”或“彼此彼此”来进行道歉，以减轻对方的负担。就算对方的错误再严重，自己这一方多少也会有点责任。可以安慰对方说“都怪我没有充分说明”之类的。

❤ 为了避免演变成双方的“道歉大赛”，道过歉就继续进行下一个话题吧。

对别人的错误表示
理解和勉励

➡ “我也是这样的”，是治愈对方心灵创伤的魔法咒语。

人们犯错或引起麻烦时，都会感到失落吧。这个时候，告诉对方“我也是这样的”“我也得注意呢”，用理解的态度来勉励对方，对方一定能重新振作起来。

理性的投诉方式

1 首先专注于陈述事实

比如：『某月某日之前没有收到商品』『送来的商品和订购的不符』，把实际发生的问题详细地告诉对方。

2 表达自己的诉求

因为没有按时寄到，所以需要赔付；收到了错误的商品，需要替换；明确地告诉对方自己『想要怎么做』的诉求。

3 有所节制地表达自己的情绪

一开始不要表达自己的感情——『很困扰』或『很生气』，可以最后再冷静地告诉对方，这样更能打动对方。如果用了情绪化的表达方式，就算说的是事实，在对方眼里也可能会变成『专门找碴儿的客人』。

4 发到社交平台上时要慎重

没必要刻意扩散。优先让自己和引起问题的对象双方共同解决问题。

• MEMO •

第 8 章

表达谦虚时的无微不至

谦虚

把关于自己的话题往后放

➡ 无论如何，对方最优先。

首先扮演倾听者的角色

聊天的时候，首先扮演倾听者的角色。认真倾听对方的发言，说一些附和对方心情的话。谈论自己的事情要尽可能简洁。对方如果感兴趣，自然会追问的。

附和方式一览

- 点头 ➡ 释放“我在听你说话”的信息
- “是的是的”“确实是的”“我也是”“我明白”➡ 表现自己有同感
- 重复对方的话，加上自己的感想 ➡ 显示出关心

聊天人数多于 3 个时，要注意尽量让每个人都有说话的机会。

不知道的事情就
坦率地说不知道

➡ 坦率的态度会让自己和对方都有好心情。

永远保持
初学者的心态！

不懂装懂是一生的耻辱

不懂装懂夸夸其谈，主要是出于“想要被认可”“想被人喜欢”的心理。

如果露馅，反而会失去别人的信赖。

如果对方是长辈，要多说一句“才疏学浅实在抱歉”或“见识太少实在抱歉”。

始终保持
感恩的心

➡ 要知道只靠自己是无法做成事情的。

感恩的心使人保持谦虚

对于每天的生活和工作，只靠自己的力量是没办法完成的。觉得自己幸运的时候、项目成功的时候、事情进展顺利的时候，更要常怀感恩的心。

表达感恩的句子：

- 多亏了您，事情才进展顺利。
- 都是因为有了您的帮助。
- 多亏了您费心帮忙。

即便是商务场合，无论年龄和资历如何，也要直接表达感谢的心情。

激烈争论的场合
更需要谦让

➡ 虽然知道谦虚很重要，但是不知不觉中也容易忽略。

谦虚能使问题得以快速解决

激烈讨论的时候，会怀有想要胜过对方的心情，不知不觉就忘了保持谦让的姿态。在这种场合，要尊敬对方，用谦虚的态度听对方讲话。即使对方很顽固，没准也会意外地让步。

情绪激动的时候，请想想这些

谚语

● **虽败犹胜**

在某些场合，把胜利让给竞争对手，对自己而言反而有利，会为自己带来真正的胜利。

● **沉默是金，雄辩是银**

懂得适时沉默不语比善于雄辩更为重要。

● **不说为妙**

有时，把话说得太直白可能会败坏人的兴致，保持沉默反而会更有风度、更有价值。

● **祸从口出**

不经意的发言可能会给自己带来灾难性的后果，警示人应当谨言慎行。

♥ 为了保持谦虚的心态，每天分析自己不足和欠缺的地方很重要。

谦虚

多谈失败，少谈成功

→会给人留下平易近人的印象。

谈论成功时，可以

『这可是我的自吹自擂……』『只是偶然运气好罢了……』在说之前加上类似的前提。

谈论成功很容易变成自吹自擂。谈话中断以及想要缓和周围气氛的时候，微笑着说说自己失败的经历吧。让人感慨“这个人原来还有这样的一面”，给人留下平易近人的印象。

不要寻求
回报

➡ 要求回报会破坏兴致哦。

笑容和关心
都是无价的哦！

不用客气啦
谢……谢谢你……

正是出于为对方着想，才想要关心对方。如果抱着“这样善待别人，别人也会如此待我”的目的，就不能称为关心了。当然，抱着“之前我不是如此善待你了吗？”这种施恩于对方的态度，也是不可取的。

某些重要场合
不应过度谦让

➡ 要注意不要“过度”。

在一些场合，过度谦让的话也会导致不愉快。在对方充分展现好意和需要明确地表达意见的场合里，就不要再谦让或客气了，配合当时的氛围也很重要。

无微不至不能做得过头

➡ 过度的关心会给对方带来负担。

关心的举动做过了头，容易招人烦，反而会让对方感到介意。让人察觉不到的关心，才是真正的无微不至。让人感觉到负担的过度关心，会给对方带来意想不到的压力。尽量做得自然一些吧。

谦虚的举止

不要跷二郎腿

很多人都喜欢跷二郎腿，和人初次见面时应尽量避免，否则会让人觉得态度傲慢。

不要抱着胳膊

抱着胳膊说话或听人说话，都会给人一种抵触的印象。

尽量安静地打字

用力打字，电脑的键盘会产生很大的噪声，会影响周围人的注意力。戴着耳机时要特别注意。

不要借高枝自我炫耀

『我和××董事是朋友』『我的亲戚是某个大公司的社长』。要避免这种明明没被问起却暗示自己和地位高的人有关系的言行。

• MEMO •

第 9 章

积极乐观的无微不至

要多给对方
正面的回应

➡ 这样对方也能说得更多。

“这个人懂我的意思呢”，使用附和的方式让对方感到安心，对方也能愉快地进行谈话。为了在不同的对象面前和不同场合的氛围中游刃有余，平时就注意多说一些附和的话吧。

（附和的方式）

『真不愧是……』『真棒啊』用这种『真』字开头的句子来进行附和。

“真不愧是”“真不知道呢”“真棒啊”“真厉害啊”“真有品位啊”“真是这样啊”……不知道该说什么的时候，从“真”字开头的句子着手考虑吧。

『没错没错！』诸如此类表示肯定的附和。

✕ 原来如此 ➡ ○ 是这样啊！
（“原来如此”有评判对方的意味）
✕ 骗人的吧 ➡ ○ 真的吗？
（“骗人”有否定对方的意味）

『我能理解』表示自己的共情。

对方愿意听自己说话，还能表示理解，这是最让人高兴的。“确实是的”“可真辛苦啊”“能理解，能理解”，用这样的方式附和，让对方安心吧。

慢慢地点头。

想不出合适的话语应对时，点头也是很不错的附和方式。配合着对话的节奏慢慢地点头，对方也更容易讲话。

积极乐观

记下别人说过的让自己开心的话

➡ 灵感来自别人的话语。

让积极的话语循环扩散！

只要小富美在场，气氛就一片祥和！
只要有河童小姐在，气氛就能热闹起来！

把别人说过的让你开心的话记下来，并不时地对其他人这样说。自己听了觉得开心，别人听到之后应该也会觉得开心吧。在类似的场合中，把这种“开心”传递给下一个人，快乐的心情就会循环扩散起来。

用“不擅长”代替“不喜欢”

➡ 让负面的语言变得委婉。

减轻否定的意味。

来杯咖啡怎么样？
不好意思，我不太能喝咖啡……

“不喜欢”的语气非常强烈，就算本人没有这种意愿，也会给对方留下拒绝的印象。虽然把“不喜欢”强说成“喜欢”有点困难，但是可以用给人印象更为中性化的“不太擅长”“没那么喜欢”“难以抉择”等话语来代替。

积极乐观

像喃喃自语一样说出正面评价

→ 表现出情不自禁的喜悦。

刻意的喃喃自语能打动别人

人们当然会想尽可能地多说正面评价。面对面时连续轰炸确实不错，如果在去上厕所、休息和转场的时候，找准对话间隙，情不自禁地喃喃自语出来，能给人更深刻的印象。

想要像喃喃自语般说出正面评价

- “能见面太开心啦！”
- “这个人好开心呀！”
- “最喜欢这家店了！”
- “×× 的话真是激动人心！”
- “今天真的好幸福！”
- “大家一起吃东西可真美味！”
- “真是太长见识了！”

有些话面对面时会不好意思说，喃喃自语说起来就容易多了。

积极乐观

沟通时用积极向上的话作为结束语

➡ 留下积极的余韵。

用乐观的结束语给人以积极的印象

写邮件、在社交平台上互发信息以及通电话时，最后可以多说一句类似于“我非常期待！”的积极话语。比起经常作为结束语的“还请您多关照”更能给人留下积极乐观的印象。

积极向上的结束语

盼望着您的回复。

祝您度过愉快的周末。

和您聊天十分愉快！

祝您度过充实的假日！

期待能和您见面。

♥ 和关系比较亲近的人聊天时，可以不必遵守这些条条框框，试着有意识地使用自己的语言吧！

谈论梦想

梦想是比较私人的话题，说出来可以拉近彼此的距离。

可以分享梦想的交情真让人开心哪~

梦想和目标本身就是积极向上的话题。如果是私交，可以告诉对方自己个人的梦想；如果是工作上的伙伴，可以告诉对方自己事业上的梦想。谈论关于未来的话题能创造出积极向上的氛围。

讲话的时候
使用爽朗的声线

➡ 说话声音低沉，会带来不必要的误会。

声音低沉容易让人误会："这个人是不是不开心啊？"爽朗的声音会给人以"健康""快乐"的积极印象。有意识地将声调提得比平时稍微高一点吧。特别是在打电话，看不到表情时，请多注意。

积极乐观

即使结果不理想，也要称赞过程

➡ 一味批评是没有意义的。

请服用『经常表扬』这剂良药吧！

将失败向积极方向引导的表扬方法

别人失败时，不要立刻批评指责，首先要赞扬其一直以来的努力。在不伤害对方自尊的前提下，一起思考应当如何预防下次的失败吧。

批评的时候

- 哪怕结果不好，也要先说一句“太可惜了！”
- “这次达到了不错的水平呢！”对下次寄予期望
- “下次要不要试试这样做？”提出新的想法
- “我们一起思考一下原因吧”表达出“和对方是工作伙伴”的意识

和下属一起直面失败的结果之后，就把话题转移到与此完全无关的事情上去吧。

积极乐观

给自己准备一些调整心情的小秘诀

➡ 尽早恢复状态，不要让周围的人担心。

长时间心情低落，会让周围的人担心的。心情低落时，用自己收集整理的调节情绪的小秘诀来让心情变好吧。擅长调节情绪的人，精神状态也会比较安定。

（转换心情的方法）

专注地观赏一部电影或电视剧。

观影这类娱乐可以让人迅速地从现实中抽身。专注地观赏过后，也许能从不同的角度看待自己的烦恼。

去接触能让人心情变好的东西。

暂时离开当时的情境，看看开阔的天空，听一听让人心情变好的音乐。也推荐去做做按摩和美容。

无论如何，先睡一觉。

适当地「吃点儿、
喝点儿、买点什么」~

睡觉不仅能让人恢复体力，还有消除压力的功效。

不要勉强调整心情。

有一类人，在彻底消沉之后，反而能更快地恢复。

积极乐观

在社交软件上建个可以无话不谈的群组

➡ 只要想到有个能跟人商量的地方，就会感到轻松。

尽管没有办法频繁聚会，但在社交软件上有一个可以无话不谈的小组，就会感觉有所依靠。有一个可以倾诉工作和生活上的烦恼、互相商量的地方，心里也能感到轻松。让自己有个可以吐槽的地方非常重要。

只给自己“30分钟”的时间来消沉

➡ 不要没完没了地烦恼！

每个人都会有因为受到打击或工作出现失误而陷入沮丧的时候。给自己一个明确的时间限制，“就30分钟”“就今天一天”，这样更容易转换心情。然后要记得表扬能够直面消极和困难的自己哦。

不要忘记
需要鼓励的人

➡ 真正的鼓励是没有“终点”的。

不要“一次性的”鼓励，要坚持下去

别人痛苦的时候当然要给予安慰，当事情过去一段时间之后，也要继续给对方发送“我的心和你在一起”“我想要帮助你”这样的信息。

在这种情况下，绝不能催促对方回复。让对方按照自己的节奏来行动吧。

这些人需要鼓励

- 至亲去世的人
- 亲人生病的人
- 遭遇交通事故的人
- 因病正在停职的人
- 正在住院的人

建议在中元节时，给至亲去世的人送花或是写慰问信。

河童良子的“积极种子”

大声喊出来

抱着把内心的不快完全倾吐出来的心情，大声地喊出来吧。大哭一场也可以。

抬头仰望天空

心情沮丧的话，体态也容易受影响，比如走路时会低着头向下看。有意识地抬头看看天空或天花板，纠正不好的姿势吧。

冥想

盘起双腿闭上眼睛，什么也不要想，将精神只集中在呼吸上。让被负面事物支配的心灵得以休息。

做做运动

用跑步、做瑜伽和伸展之类的运动让身体放松。缺乏运动的时候也容易陷入抑郁的状态。

•MEMO•

第 10 章

招待客人时的无微不至

为了更好地迎接客人的到来，创造一个适宜待客的空间吧

➡ 稍做准备，让客人觉得“能来拜访太好啦”。

在客人到访之前15分钟，速战速决！

无论是在家还是在办公室招待客人，“干净”和“有条理”这两条标准都很重要，会左右别人的印象。所以，我们先确认一下在客人到来之前必须要做的检查吧。

一定要检查这些地方哦

检查是否有异味

给房间通风换气。点根香也不错。在容易沾染异味的布制品上喷洒除臭剂。

清洁用水处

要特别注意厕所和盥洗室周围的洗手池、浴缸等位置。换上洗好的毛巾，检查一下周围是否有掉落的头发。

打扫入口和玄关

玄关十分重要，会决定客人的第一印象。检查一下有没有积尘土。要准备好拖鞋。

擦拭桌子

桌子就算擦过也可能留下污渍。应在客人来之前再用清水擦拭一遍。

指明路线也是待客之道的一部分

➡ 在客人到达目的地之前，招待就已经开始了。

特别是对第一次拜访的人而言。

仅指路是不够的

在事先告诉对方路线时，除了住址和地图之外，还要考虑到一些细节，比如对方的行李是否很多，车站是否有电梯，以及天气状况如何……一边想着对方，一边考虑需要提醒的内容吧。

贴心的路线导览内容

- 最近的出站口
- 捷径
- 标志
- 有名的餐饮店
- 迷路时的联络方式

可以加上“能感受到海风”“飘散着拉面的香味”等能让走在路上的人心情愉快的信息。

注意室内的冷热温度

温度，影响心情的重要因素。

要首先调整温度

人们对冷热的感觉是不尽相同的。一般来讲，男性和欧美人里怕热的比较多，女性则怕冷的比较多。请根据不同的情况重新调整温度。如果询问对方，对方不好意思说，也可以通过观察对方的脸色来调整，这样对方也会轻松一些。

空调功效弱时

- 使用空气循环扇
- 清扫过滤网
- 清洁室外机

如果通过外表看不出来，可以和对方说：“如果空调的温度不合适，不要客气，请告诉我。”

用心选择饮品

➡ 越是必需品越能看出用心。

用塑料瓶装的茶来接待客人有点不太像话。为了避免来客突然到访时手忙脚乱，平时就准备好可以招待客人的饮料和杯子吧。如果能备好日常的茶点就更好了。

天气炎热时 待客首选冷茶。

因为热饮更容易让人出汗。当然，有些人不能喝冰水，还有些人喜欢喝常温的水，要提前和对方确认。

端上咖啡时 要配好糖和牛奶。

不过要提前询问对方，因为有不少人会介意。

都不能喝的话，就用茶来替换。

要注意茶是不是冷了。

如果待的时间比较长，中途要注意重新倒上热茶。

要准备好无咖啡因的饮品。

绿茶和红茶里都有咖啡因。可以为不耐受咖啡因的人以及孕妇准备大麦茶、黑豆茶和荞麦茶。

让空间富有
季节感

➡ 给人留下从容、用心生活的印象。

用富有季节气息的色彩装点室内

在玄关等容易吸引人注意力的位置，装饰上富有季节感的装饰物和鲜花吧！这会给人一种用心生活的印象。也能创造出“我一直在等待你的光临”的氛围。还可能扩展和客人的聊天内容。

可以融入季节感的地方

- 玄关
- 办公室的接待室
- 家里的客厅
- 卫生间

在容易显得阴暗的卫生间里放上观赏性植物等物品，能给人以明亮的印象。

在伞桶的边上，为折叠伞准备S形挂钩

➡ 即使在情绪低落的雨天，
被人体贴关照一下也会变得开心。

折叠伞收纳起来很困难，但要是有一个S形挂钩，就会非常方便了。就算没有，也可以给对方一个塑料袋。

在进门的地方准备毛巾。

下雨天有很多需要注意关照的地方呢。

用来擦拭淋湿了的书包和衣服。厨房专用纸巾也是很方便的选择。

常备可以借给别人的塑料伞。

用于突然下雨的时候。塑料伞也不会令对方太有负担。

为了不弄湿对方带的东西，为对方准备塑料袋吧。

为了不淋湿放了文件的信封等随身携带的物品，可以用塑料袋包一下。在类似的场合，询问一下对方是否需要吧。

迅速擦掉鞋上的污垢。

如果鞋上沾上了明显的污垢，趁人不注意的时候迅速地擦掉吧。

放一条盖毯

→穿裙子的女性会特别高兴。

在容易让人觉得腿脚凉的办公室或地板比较冷的木制房子里，只要有一条盖毯就能保暖。在客人到来之前，在椅背上放一条盖毯吧。在夏天开空调的屋子里也很方便。

♥ 夏天用棉和毛巾质地的毯子，冬天用保温性能好的羊毛毯子，会让人更舒适。

回去的时候让客人带走一些小礼物

→“能来太好啦！”让对方更开心。

怀着“感谢你们到来”的心情，给对方一些点心之类的小礼物（如果对方有孩子，可以准备适合小孩子吃的点心，并说“给您的孩子带回去”），在对方要回去时不经意地巧妙送出。

应避免选择包装得很精美的盒装点心，要选择放在小包装里的、可“分发给大家”的好东西。

不要过度招待

➡ 过度的招待，会让对方不自在。

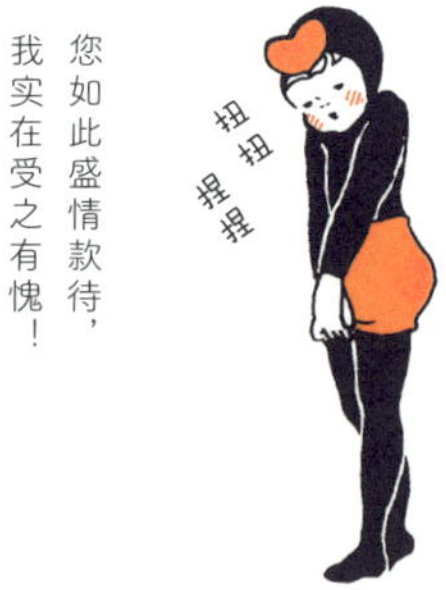
您如此盛情款待，
我实在受之有愧！
扭扭
捏捏

可以采取自助的方式，对方也会感到轻松

对于关系很亲近的朋友，过度招待反而会让人不好意思。不必特意分装食物，让大家自助取用吧，也可以适当让对方帮忙收拾，就像在自己家里一样感到轻松。

如果亲手准备每道菜肴，会给彼此都带来负担，请适当地加入一些买来的食物吧。

选择合适店面的小技巧——表达招待的“心意”

确认饮食的好恶，是否有过敏的食材

事先跟参加的同伴确认，特别是要注意对民族特色料理的好恶。对荞麦、小麦粉和甲壳类食物过敏的人也很多。遇到有外国人出席的场合，还要确认食材是否涉及宗教禁忌。

年会、欢迎会、送别会等场合

选择氛围比较热闹的店。有单间的话就更好了。人数多的话，可以考虑选择套餐或自助餐，这样结账时也比较轻松。

有小孩同席的场合

选择备有儿童套餐或富有招待儿童经验的店比较好。尽可能选择单间。要确认是否有儿童座椅，电梯是否完备。

有老人同行的场合

宜选择悠闲而安静的店。很多老年人腿脚不好，需要提前确认是否有台阶，轮椅是否可以通过。如果是去有榻榻米的房间，要选择有暖炉的。

•MEMO•

第11章

着装的无微不至

身上佩戴一件首饰

➡ 对于对方来说也是注意仪表的表现。

首饰的魅力

佩戴首饰可以给人更阳光的印象，看上去更有女人味。同时也是证明自己非常重视和对方约会的证据。

不习惯戴首饰的人，可以从简单的首饰开始尝试。

平衡感很重要！

- 戴大耳环时 ➡ 不要戴显眼的项链
- 富有个性的设计款 ➡ 一件就足够了
- 配饰的数量很多 ➡ 在颜色上保持统一感

如果佩戴戒指，需要避免容易伤到人或刮坏东西的款式。

携带或佩戴会面对象之前赠送的礼物

➡ “使用”和“佩戴”是最大的感恩。

使用别人赠送的礼物能表达感谢

和送给自己装饰品或小东西的人见面时，可以把获赠的物品佩戴在身上，要怀着感激的心情去使用。对方会觉得“看来真的很喜欢呢！”“用心地挑选也值得了”。

进行商业谈判时，可以把对方的商品带在身边，或使用采用其主题色的物件。

参加宴会要穿过膝长裙或者裤子

➡ 让自己和周围的人都能安心享受宴会的乐趣。

选择不让人担心的着装

宴会上，特别是在榻榻米式的房间里，为了不让自己和周围的人担心，着装上最好选择裤装，或坐下时长度能遮住膝盖的裙子。

⚠ 这些地方也需要注意！

- 低腰的裤子 + 过短的上衣 ➡ 从后面可以看到内衣
- 白色系的衣服 ➡ 喝醉或不小心时很容易弄脏
- 袜子和长丝袜 ➡ 要注意是否有破洞或脱线

❤ 推荐选择材质柔软的裙子，这样坐下的时候也比较容易。

根据场合选择合适的发型

准备几种合适的发型。

出门之前，请在镜子里客观地审视一下自己当天的发型是否适合要出席的场合。就算是引以为傲的长发，也需要根据场合决定是否扎起来。

聚餐的时候最好把长发扎起来。

可以避免吃饭的时候整理头发，选择更能让人专注享用美食的发型吧。

去看电影和现场演出的时候，避免梳花枝招展的发型。

容易让后排的人观赏不便。

去做美容的时候选择容易解开的发型。

提前准备好，就能快点开始。

刮大风的日子，把头发扎起来。

人们一般不好意思指出别人头发凌乱。不弄得乱糟糟的也是对周围人的关心。

对于需要脱鞋的场合
请穿容易穿脱的鞋子

➡ 从拜访的第一步开始就要注意。

避免在玄关处磨蹭太久哦。

去榻榻米式餐馆聚餐或去朋友家聚会时，都有可能需要脱鞋，这时要避免穿长靴或带纽扣的鞋子，选择穿脱都比较容易的鞋子吧。特别是很多人在一起时，如果只有自己在磨磨蹭蹭，就会破坏大家的节奏。

拜访他人的时候
不要光脚

➡ 有的人不喜欢别人光着脚吧唧吧唧地走路。

要避免光脚去拜访别人的家。虽然不是完全不可以，但会令一些人不快。此外，有些人脚底容易出汗，会在地板上留下脚印……为了以防万一，可以带着袜子。

❤ 计划之外突然要光脚拜访别人府上时，要说一句：“光脚实在是不好意思。”

为主角捧场的场合
请低调着装

➡ 要选择不过分引人注目的着装。

用小配饰来发挥个性

在生日会和庆祝会这类的场合，为了不抢走主角的风头，一定要低调着装。但是，如果着装过于朴素会让现场变得暗淡，可以在穿朴素的裙子的同时搭配上首饰，或是搭配颜色鲜艳的包，在局部表现出个性就好。

平衡感很重要！

- 做彩色的美甲
- 做一个讲究的发型
- 多戴一件首饰
- 穿高跟鞋
- 用包来增添色彩
- 穿得比平时“清凉”一些
- 穿带花纹的长筒袜

河童良子的着装小贴士

☑ 常备披肩和开衫毛衣

在电影院和地铁里感到冷时可以披上。如果表现出很冷的样子，会让对方感到担心的。

☑ 随身携带能给别人使用的手帕

在对方衣服脏了或眼泪止不住地往下流时，可以给对方不需要还回来的手帕。

☑ 也要注意指甲的保养

手意外地能吸引别人的注意力。保持指甲的清洁吧。只要保持指甲的清洁，修剪得整洁，没有污垢，就算不做美甲也没关系。

☑ 气味的自我管理

别人不太方便对口臭和体臭这类和气味有关的问题提出意见，因此要养成自我检查的习惯。随身携带漱口水、止汗喷雾、爽身粉等。

•MEMO•

第 12 章

和金钱有关的无微不至

给别人钱的时候请放在小红包里

➡ 对金钱的处理能表现出人品。

要注意点点滴滴。

给别人钱时，使用小红包能给人留下认真的印象。市面上贩售的小红包中，很多设计都非常时尚，除了给人压岁钱，也请在其他场合灵活使用吧。

活用小红包的方法

给小费的时候

用于交付车费或电话费，能表达一点心意。可以放在刚好可以放下硬币的迷你红包里。

交费的时候用小红包交给对方

午餐会的会费、AA 制买东西的花销，还有事先知道金额的花费……这些场合都可以使用。还给别人钱的时候也可以用哦。

没有小红包的时候，也可以现场制作

小红包可以用折纸用纸、和纸和包装纸自己制作。即使不那么规整也很讨人喜爱。制作的方法可以参考第 222 页。

不要在小红包里放大额的钱

如果钱的张数很多，或者是面值比较大的时候，还是放在正式的红包里吧。

实在没有准备小红包的时候，请和对方说：“没有包起来给您，实在不好意思……”

金钱

借别人的钱要尽快返还

➡ 在金钱方面诚实的人，会让人有更强的信赖感。

要用端正的姿态还钱

原则上尽量不要借钱。付餐费时带的钱不够，不得不找人借钱时，要尽可能早点归还。金额少的话，有些时候不是必须还钱，可以在下次见面的时候给对方买些饮料之类的作为补偿。

可靠的还钱技巧

- 找到 ATM 机的话当场归还
- 具体约定好下次见面还款的时间
- 归还之前要一直保持联络
- 为了方便随时还钱，随身携带装好钱的小红包

不能立刻返还小额零钱的时候，下次要根据消费税的份额多还一些。

坦然地接受别人的款待吧

➡ 接受别人的款待也是一种礼仪。

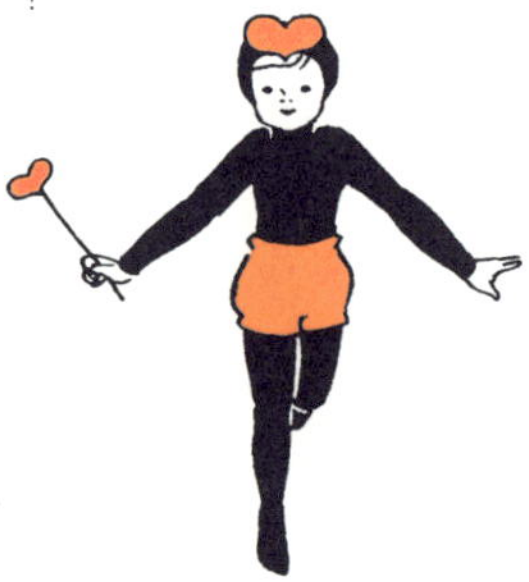
特别是被前辈
或上司招待时！

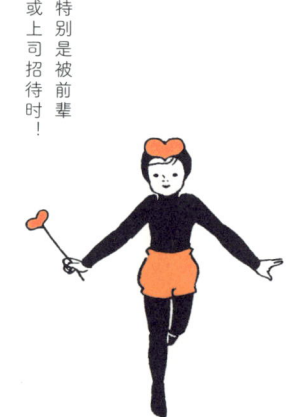

被款待之后的回礼

结账的时候，对方说“我请客”的话，虽然有点不好意思，但为了照顾对方的面子，还是坦然地接受比较好，总是拒绝别人反而会显得失礼。如果被人请客了，不要忘了发信息并当面进行感谢。

被款待时的接受方法

- （一边行礼）“真是谢谢您的款待了！”
- “下次让我来付款吧。”
- “下次让我来请客吧。”
- 过几天，给对方寄感谢信

在感谢信中，同时表达对一起度过的快乐时光的感谢。

AA制聚餐时，不要让不喝酒的人分摊酒费

➡ 酒的花费是很贵的，用心计算能给人以好感。

不要让人觉得“亏了”

在喝酒的人和不喝酒的人同席聚会时，采用 AA 制就不太公平了。为了不让不喝酒的人觉得吃亏了，把酒类的差额也计算进来比较好。即使计算得有一些偏差，也能给人留下“做事真是周到”的好印象。

AA 制的小技巧

- 可以选择有多种低度数鸡尾酒和软饮料的自助套餐
- 餐费和酒费分别结账计算
- 如果 AA 的费用过于复杂，可以使用计算 app 辅助

对于中途来参加的人和职场新人，也要让他们少付一些金额。

不要谈论会透露收入情况的话题

➡ 每个人的金钱观念都不一样呢。

关于收入的话题，在家人以外基本上属于禁忌的领域，差距明显的话，很容易使人际关系出现裂痕。工资就不用说了，奖金和退休金之类的话题也非常敏感。因为从保险金和育儿金中也能推测出收入，所以请不要探讨或追问这样的话题。

♥ 在交往时请记住，关于家属的工资和存款之类的话题也是禁忌领域哦。

拿钱的时候
请用双手

➡ 给人留下认真文雅的印象。

这个动作可以表达你的心情。

需要用双手接取的时候

- 送礼物的时候
- 送文件和接收文件的时候
- 给别人咖啡之类的饮料的时候
- 借东西的时候

接名片的时候也一样，像接取金钱一样使用双手吧。纸币就不用说了，为了避免零钱掉落，也请用双手接取吧。用谨慎的姿态对待金钱，也能给对方留下好印象。

♥ 涉及的金钱既有零钱，又有纸币，不太方便交付时，请把纸币和零钱分两次分别给对方。

精打细算的小贴士

不要在钱包里放收据

如果钱包里净是收据和发票，重要的东西会被埋没，看起来也不太体面，会被视为对钱疏于管理的人。

好好保存零钱

为了能在需要的时候随时拿出来支付，在办公室的办公桌和家里的抽屉里都放一些小额钞票和硬币吧。

尽量避免让对方找零

事先就知道金额的话，可以提前做好准备。参加聚会的时候，为了负责人方便，要提前把大额纸币换成好找零的。

检查自己的积分卡

如果积分卡太多，关键时刻会拿不出来，磨磨蹭蹭地也会让店员等太久。把积分卡减少到必要的数量，做好能快速拿出来的准备。

MEMO

第 13 章

打电话和发邮件时的无微不至

看到来电显示的话，请一边称呼对方的姓名一边接电话

➡ 从第一声开始就拉近距离。

特别是用手机的时候！

检查来电显示

知道来电人是谁的时候，要跟对方说“××，您好！”。对方也会报上你的名字“请问是××的电话吗？”进行确认，对彼此来说都节省时间。此外，对方被称呼名字也会感到高兴。即使没能当面见到，也可以拉近彼此的距离。

适用于这些人来电的情况

- 家人和亲戚
- 朋友
- 长期合作的工作伙伴
- 今后想要加深联系的对象

因为会给人一种随意的印象，所以不适用于长辈、上司以及交往不深的对象。

打电话时，
声音能表达情绪

➡ 声音也有好听和不好听之分。

特别是打电话的时候要注意。

好，把注意力
集中在声音上！

声音也可以表达情绪

打电话的时候，就算看不到彼此的脸，声音也能表达出情绪。
虽然对方看不到你，但是如果用笑脸来应对，声音也能给人以开朗的印象，谈话的内容也会变得积极。

NICE
彼此彼此！
非常感谢您！
真是这么想的吗……
……
非常感谢！

成为电话达人的技巧

- 尽量大声地**回应** ➡ 因为看不见脸，不知道对方是否能听到
- 尽量**提高**声调 ➡ 否则会给人低沉阴暗的印象
- 不要**一边做别的事情**一边打电话 ➡ 虽然你可能认为对方不会发现，但心不在焉的话对方是会察觉到的

通话的时候保持正式的姿势，声音也会清晰通透。

等待一个呼吸的间隔再挂断电话

➡ 一下子挂断电话，会让对方感觉自己的电话被人强行挂断了。

打造一个良好的收尾！

说完事情以后，在挂断电话之前等待一个呼吸的时间。即使谈话的内容很愉快，立刻“咔嗒”地挂断电话，也会在最后给人留下不好的印象。虽然手机和智能电话实际上没有“咔嗒”的挂断声，但是也能传达出粗暴地挂断电话的感觉。

挂电话的方法

- 再重复一遍不想让对方忘记的事情
- 最后加上一句收尾的话
  例如：“感谢您百忙之中抽出时间”“这么晚还打扰您实在是抱歉”“还请您多指教”“那么我就告辞了”。
- 一般来说，先挂电话的应该是打电话的人
  双方都不好意思先挂电话的场合，可以和对方说“请您先挂电话”。

把客人送出玄关之后也一样，等待一个呼吸的时间，再把门关上。

打电话·发邮件

写邮件的时候，开头先回顾一下上次的话题

→ 让邮件也有人情味。

前些日子真是太感谢了！

之前关于
××的事情
真是感谢您了！

不论是工作还是私事，给一直保持联系的对象发邮件时，如果一上来就提出要做的事项，会给人一种冷淡的印象。先提几句之前的话题，能让对方感受到“原来还记得呢”的人情味。聊一聊只有彼此才知道的话题，能够加深感情。

如果需要回信，不要使用“在您方便的时候”这类词语

➡ 即使说了很急，对方也不一定会着急。

圆滑的催促邮件的方式

- 「知道您很忙，请问能在×月×日之前回复吗？」
- 「总是麻烦您实在不好意思，期待着您的回复。」
- 「关于××的事，请问后续如何了呢？」
- 「催促您实在抱歉。」

需要对方回信的邮件，要写清楚“期待着您的回信”“请问您可以在×月×日之前联络我吗？”，清楚地表达需要对方回信的意思。虽然人们常用“在您方便的时候”这种表达方式，但是这样容易造成回复的延迟，所以要尽量避免。

打电话·发邮件

若要长期休假，请把休假信息写在邮件签名档里以示告知

➡ 工作一多，休假的事情就很难说出口。

如果打算长期休假，提前一个半月就把信息写到邮件的签名档里吧。这样也能让一起工作的伙伴提前做到心里有数。

非常抱歉，我会在×月×日至×日休假，无法处理工作事宜。
＊＊＊＊＊＊＊＊＊＊＊＊＊＊＊＊＊＊＊
增子商事
广告部　河童良子
tel 03-5775-××××
fax 03-5775-〇〇〇〇
web www.masco_masco.co.jp
＊＊＊＊＊＊＊＊＊＊＊＊＊＊＊＊＊＊＊

（发邮件需要注意的各种事项）

内容复杂时，再打一次电话告知。

在用邮件把内容整理得易于理解的基础上，也用电话进行说明。加深对方的理解，避免误会。

开场白要尽量简洁。

如果问候或开场白过于冗长，会让对方失去阅读的兴趣，邮件的要点也会变得模糊。干脆地进入正题吧。

使用分条列举法。

用分条的方式，把日期、会合地点等情报以及想要简洁地传达的要点整理并列举出来，这样会给人简明易懂的印象。

每一行的字数以25至35个为宜。

行宽过宽的文章读起来很困难，请适当地进行换行。连续书写3至5行之后空一行，这样可以利用空白降低压迫感。

附录

河童良子小姐的推荐！

『无微不至』插画集

一单个物品的插画

信件和一笔笺，为外出的人留下的电话记录，给家人的留言条……如果能在之上稍微加一些插画，会令人感到十分温暖。这里我们将介绍一些简简单单就可以画出来的小插画。单纯模仿着画也行，加上一些自己的编排也不错。请务必在日常生活中使用看看哦。

画出可爱的脸的要点

把眼睛、鼻子和嘴的位置放在圆形的中心，自然就会有可爱的感觉。

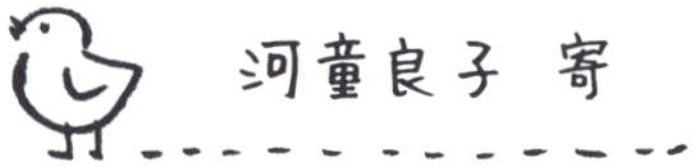

建议用喜欢的东西、兴趣还有姓名等作为主题。

多个物品的插画

结合留言的内容加上小插图，会营造出一种快乐的气氛。画在手账里也很有乐趣。

在聚餐和宴会的感谢信上
女性聚会
富有季节感的主题

表情的插画

画上配合心情的小表情的插图，留言会变得生动起来。

印章

对于那些无论如何都不擅长画画的人，推荐灵活地使用印章。文具店里会出售很多可爱的小印章。每次在留言的最后都按上相同的印章，自然而然就能将它变成你自己的特征了。

小红包的实物模型纸 纸袋

可以使用喜欢的便笺纸、
包装纸、折纸用纸等，简单地做出小红包。
把这一页复印下来作为裁剪时的模型，
可以反复使用，十分方便。

刚好能放进硬币之类的零钱。

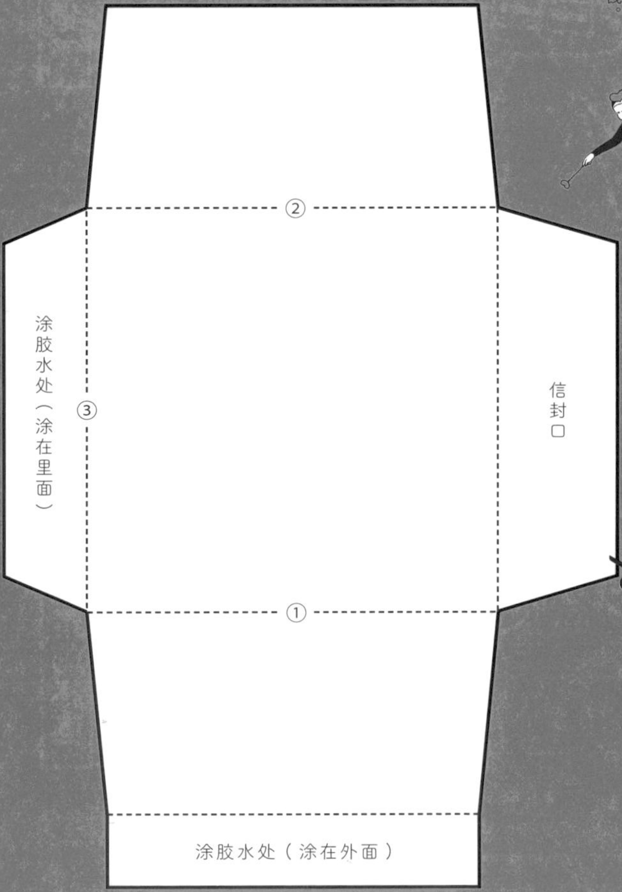
②
③
①
涂胶水处（涂在里面）
信封口
涂胶水处（涂在外面）

正方形的迷你小红包

想要送给别人几颗润喉糖或巧克力的时候也可以使用哦！

制作方法：

1. 沿着实线把模型纸剪下来。
2. 把模型纸放在想要用来做小红包的纸上面，用铅笔勾勒出轮廓，用剪刀沿着轮廓剪下来。
3. 按照从①至③的顺序折叠虚线的位置，涂上胶水，就完成啦！

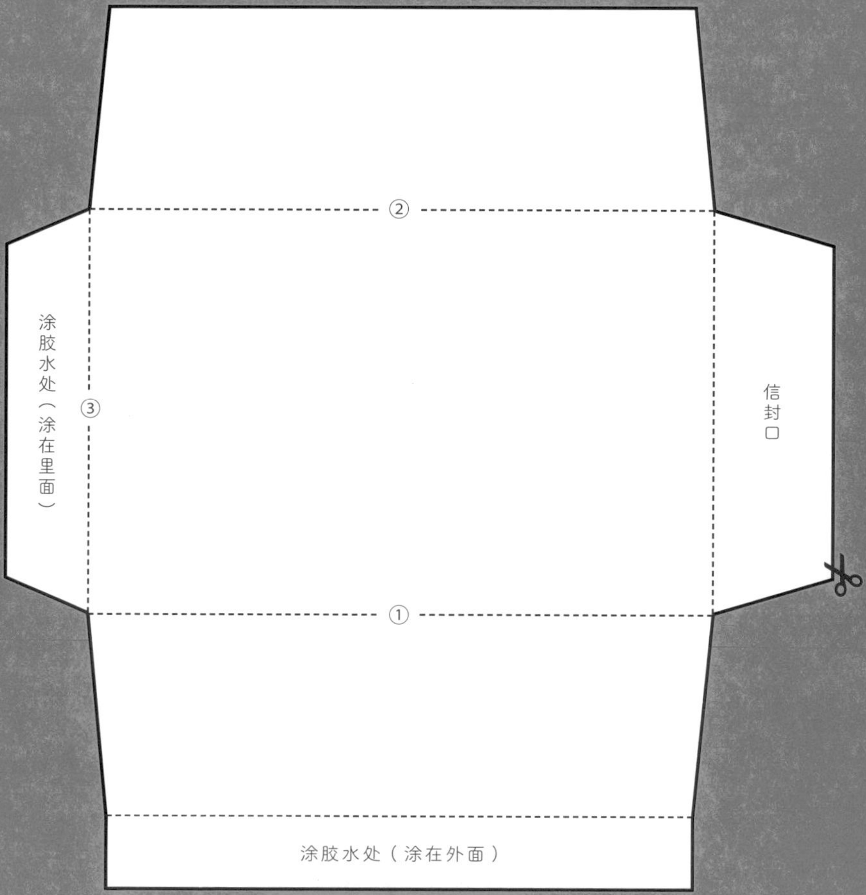
②
涂胶水处（涂在里面）
③
信封口
①
涂胶水处（涂在外面）

长方形的小红包

图书在版编目（CIP）数据

得体：一看就会，一做就对的社交魔法图鉴 / 日本无微不至调查委员会编；kaka译. -- 北京：北京联合出版公司, 2022.1（2022.6重印）

ISBN 978-7-5596-5696-4

Ⅰ. ①得… Ⅱ. ①日… ②k… Ⅲ. ①人际关系—通俗读物 Ⅳ. ①C912.11-49

中国版本图书馆CIP数据核字(2021)第220979号

得体：一看就会，一做就对的社交魔法图鉴

编　　者：日本无微不至调查委员会
译　　者：kaka
出 品 人：赵红仕
选题策划：后浪出版公司
出版统筹：吴兴元
特约编辑：曹　可
责任编辑：管　文
营销推广：ONEBOOK
装帧制造：墨白空间 · 曾艺豪

北京联合出版公司出版
（北京市西城区德外大街83号楼9层　100088）
天津图文方嘉印刷有限公司印刷　新华书店经销
字数93千字　787毫米×1092毫米　1/32　7印张
2022年1月第1版　2022年6月第3次印刷
ISBN 978-7-5596-5696-4
定价：52.00元